Willensstärke trainieren

Wie Sie Disziplin, Gewohnheiten und Selbstliebe zu Ihrem Erfolgsmotor machen und willensstark jedes gesteckte Ziel erreichen

Mathias Meinecke

INHALT

Das erwartet Sie in diesem Buch

W o der Wille ist, ist auch ein Weg. Stimmt das? Sprichwörter wie diese sagen sich fast schon zu leicht, um wahr zu sein. Doch in einer Gesellschaft, die von Antriebslosigkeit und Druck geprägt wird, braucht es mehr als nur ein Sprichwort, um starke Willenskraft aufzubauen und zu halten.

Haben Sie auch das Gefühl, die Lust und die Glücksgefühle im Alltag komplett verloren zu haben? Fragen Sie sich manchmal, wieso Sie sich überhaupt noch durch diesen hindurch quälen? Das ist normal und vor allem auch einfach nur menschlich.

Wenn Sie sich hierbei wiederfinden, ist dieses Buch auch für Sie geschrieben. Es wird, genauso wie jedes andere Buch, keine Probleme einfach so aus der Welt schaffen. Dafür wird es jedoch auch kein Buch brauchen, denn hier erfahren Sie, wie Sie dies selbst übernehmen und jedem Hindernis Ihres Lebens den Kampf ansagen.

Ihnen wird nicht nur erklärt, wie der menschliche Wille funktioniert und uns durch unser Leben führt, sondern auch ein 4-Wochen-Trainingsplan zur Stärkung von Disziplin und Willenskraft an die Hand gegeben.

Dieser Trainingsplan wird Ihnen vielleicht Seiten von sich selbst aufzeigen, die Sie so noch nie von sich gesehen haben. Sie werden Methoden kennenlernen, mit denen Sie viele Facetten Ihres Lebens zu etwas Positivem verändern können und doch auch genug Zeit zum Reflektieren und Verinnerlichen haben.

Wenn Sie also bereit für ein erfüllendes Leben sind, gibt es keinen Grund, dieses Buch nicht zu lesen. Spaß, gute Werte und viele nützliche Informationen sind von der ersten bis zur letzten Seite garantiert.

Ein bisschen Theorie vorab

DER MENSCHLICHE WILLE – EINE DEFINITION

Der eigene Wille ist für uns Menschen eine der wichtigsten Fähigkeiten. Er leitet uns konstant durch jede Sekunde unseres Lebens und sorgt dafür, dass wir in der Lage sind, Entscheidungen zu treffen.

In der Psychologie spricht man hier von einem mentalen Konstrukt, das, im Kontrast zu Trieben, unser Handeln bewusst in eine bestimmte Richtung beeinflusst. Wer also sichtbar überlegt handelt, der wirkt auf andere selbstbewusst und willensstark.

Die wissenschaftliche Forschung des Willens reicht bereits ins späte 19. Jahrhundert zurück. Der deutsche Soziologe und Nationalökonom Ferdinand Tönnies veröffentlichte 1887 erstmals das Werk „Gemeinschaft und Gesellschaft", welches den eigenen Willen als gemeinschaftlichen Wesenswillen aufzeigt. Tönnies beschreibt diesen als Teil eines übergeordneten Zwecks.

Somit formt sich laut Tönnies eine Gemeinschaft erst dann, wenn ein gemeinsamer Wille für besagten übergeordneten Zweck erkennbar ist. Diese Gemeinschaft kann sich zum Beispiel in Form einer Freundschaft zeigen, aber auch in Form von gesellschaftlichen oder politischen Gruppierungen.

Aus diesem Grund fällt es uns leichter, uns in Gruppierungen zu integrieren, wenn unser Wille durch unsere Handlungen klar erkennbar ist. Hierzu muss dennoch gesagt werden, dass es ebenso immer Menschen geben wird, die sich aufgrund Ihres Willens oder Ihrer Taten von Ihnen abwenden werden. Das ist normal und sagt nichts über Ihre Person aus, sofern keine sachliche Kritik geäußert wird.

Willensstärke bedeutet nicht, anderen Menschen den eigenen Willen aufzuzwingen. Sollte das Ihnen gegenüber geschehen, ist es in den meisten Fällen bloß ein Merkmal von eigener Schwäche und Unsicherheit.

Ein großer Irrglaube in Bezug darauf ist, dass ein starker Wille, und damit auch eine starke Persönlichkeit, angeboren ist. Dies lässt sich auch auf viele andere Fähigkeiten beziehen, jedoch kann man in Wahrheit, unabhängig von äußeren Gegebenheiten wie Alter oder Geschlecht, Fähigkeiten wie einen starken Willen erlernen. Deshalb beginnt ein starker Wille in Ihnen selbst und in Ihrer eigenen Entwicklung. Dieses Buch dient dazu, Sie darin anzuleiten, eine ausgeprägte Willensstärke aufzubauen, welche die Basis aller weiterer Fähigkeiten ist, die Sie im Laufe Ihres Lebens erlernen werden.

Je selbstbestimmter Sie durchs Leben gehen, desto mehr Qualität können Sie Ihrem Leben abgewinnen. Hierfür braucht es allerdings viel Training und Ehrgeiz, was die meisten Menschen dazu bringt, gar nicht erst daran zu arbeiten. Andere wiederum fangen in ihrer Kindheit bereits damit an und entwickeln Willensstärke somit schneller als der Durchschnitt, was gerade in dieser modernen Zeit oft zu Vergleichen führt. Solche Vergleiche sind dennoch problematisch, wenn es um Persönlichkeitsentwicklung geht.

Deshalb seien Sie sich direkt zu Anfang bewusst, dass Ihr eigenes Tempo für Sie völlig in Ordnung ist, egal in welcher Form. Richtige Willensstärke soll auf keinen Fall zu vermehrtem Stress führen und erst recht keinen Wettbewerb hervorrufen. Stattdessen ist es wichtig, sich Willensstärke so anzueignen, dass sie langfristig Erfüllung bringt.

WILLE ALS ANTRIEB UND WIE MAN IHN NUTZEN KANN

Dieses Buch ist für jeden geschrieben, der in irgendeiner Form Antriebslosigkeit in sich verspürt. Dabei kann sich diese Antriebslosigkeit in sehr vielen verschiedenen Formen zeigen, beispielsweise, indem Sie immer weniger Kraft aufbringen können, um zur Arbeit zu fahren oder Freunde und Familie zu treffen. In sehr akuten Fällen kann es sogar sein, dass man mit dem Leben komplett abgeschlossen hat.

Dahinter können unterschiedliche Gründe und Geschichten stecken, welche eine solche Antriebslosigkeit auslösen. Doch egal, wo Sie gerade im Leben stehen und mit welchen Hindernissen Sie kämpfen müssen, Sie sind damit nicht allein. Willenskraft allein hält die Probleme nämlich nicht aus dem eigenen

Leben fern, wird Ihnen aber helfen, diese anzunehmen und zu lösen.

Vielleicht kommt Ihnen Willenskraft jetzt so vor, als wäre sie ein sehr weit entferntes Phänomen. In Wahrheit funktioniert sie jedoch eher wie ein Muskel, der uns seit der Geburt innewohnt und nur darauf wartet, trainiert und gestärkt zu werden.

Bestimmt haben Sie bereits so einen Moment erlebt, in dem Sie sich plötzlich aufgeweckt und energiereich gefühlt haben, ohne dass es einen greifbaren Grund dafür gegeben hat. Falls Sie sich jetzt an so einen Moment erinnern können, fragen Sie sich mal, was genau damals anders war. Sind Sie einer bestimmten Leidenschaft nachgegangen? Ist vorher etwas passiert, das Sie innerlich erfüllt hat? War es vielleicht einfach kindliche Freude oder doch eher ein gezieltes Erfolgserlebnis?

Genauso wie Tiefphasen haben auch Hochphasen einen konkreten Ursprung. In den meisten Fällen sind es aber dennoch negative Emotionen, die sich nachhaltiger in unser System „einpflanzen" und den Wunsch in uns aufkommen lassen, unser Leben auf Werkseinstellungen zurückzusetzen.

Es könnte sein, dass genau dieses Bedürfnis Sie an Ihrem Leben und an Ihrem Sinn zweifeln lässt. Deshalb möchte ich, bevor wir mit dem 4-Wochen-Plan beginnen, dass Sie sich bewusst dazu entscheiden, alle Zweifel und Emotionen aus Ihrem Körper und Ihrem Geist gehen zu lassen. Wenn Sie dazu bereit sind, schaffen Sie sich die Möglichkeit, sogar so schnell neue Kraft und einen neuen Willen zu schöpfen, dass es an Magie grenzt.

An dieser Stelle würde ich gern auf ein sehr bekanntes Zitat von Mark Twain verweisen, welches lautet „Die beiden wichtigsten Tage in deinem Leben sind der, an dem du geboren wirst, und der, an dem du herausfindest, warum".

Sie haben mit Sicherheit schon mal von der Methode gehört, sich selbst zuallererst nach einem Warum zu fragen, und daraufhin jede weitere Entscheidung auf diesem Warum aufzubauen. Hierzu sollten Sie sich Zeit nehmen, um sich einmal auf alles zu fokussieren, was in Ihnen irgendeine Form von Glück und Zufriedenheit auslöst. Das können anfangs auch nur sehr kleine Dinge sein wie zum Beispiel ein Video auf YouTube oder das Haustier des Nachbarn. Auf diese Dinge zu achten und sie bewusst zu genießen, ist meist der erste Schritt zu einem größeren Warum.

Zusätzlich kann es hierfür auch nützlich sein, sich auch zu fragen, wie genau man von anderen wahrgenommen werden möchte. Welchen Eindruck soll Ihre Persönlichkeit nach außen tragen? Wie möchten Sie als Person mit Ihren Mitmenschen reden? Welche Werte möchten Sie vermitteln? Mögliche Antworten auf diese Fragen brauchen meist einige Zeit, bis sie uns bewusst werden, was in jedem Fall absolut okay ist.

Sobald Sie Ihr persönliches Warum für sich gefunden haben, wird sich Ihr Wille und damit auch Ihr Antrieb daraus formen, da Ihr Wille umso mehr gefestigt wird, je tiefgreifender und grundlegender Ihr Warum letzten Endes ist. So können Sie in schlechten Phasen oder akuten Niederschlägen jederzeit auf ebendieses Warum zurückgreifen, um diesen neu gewonnenen Antrieb nicht zu verlieren.

Das Warum sollte hier zudem auch mehr ein Lebensweg und weniger ein konkretes Ziel sein, denn wenn Sie Ihr Leben lang nur auf einen bestimmten Moment warten, wird dieser entweder nie kommen oder er könnte Sie in eine neue Existenzkrise stürzen, wenn Sie ihn erreicht haben, da Ihr Unterbewusstsein daraufhin nach einem erneuten Ziel suchen wird. Darum werden Sie sehr viel Lebensqualität einbüßen müssen, wenn Sie Ihre Energie dafür verwenden, um auf einen gezielten zu Moment warten.

Viel besser wäre das Warum als eine Lebenseinstellung, mit der Sie sich selbst aufzeigen können, in welcher Form Sie die Welt besser machen oder voranbringen möchten. Messen Sie also Ihre Willenskraft nicht an Ihren bisherigen Erfolgen, sondern an Ihrem Charakter und an einer spürbaren positiven Persönlichkeit.

Seien Sie sich bewusst, dass Menschen sich ihr Leben lang weiterentwickeln werden, und so wird es auch Ihr Wille tun. Dieser allein macht den entscheidenden Unterschied, ob Sie weiterkämpfen oder aufgeben.

WAS ES HEIßT, AUFZUGEBEN

Was bedeutet es eigentlich, wenn wir etwas aufgeben? Im Deutschen hat der Begriff des Aufgebens mehrere, nicht eindeutige Definitionen. Er ist ein Synonym für Hoffnungslosigkeit, einen Abbruch, eine Trennung, einen Verzicht oder die Annahme von einem schlechten Ausgang.

Menschen geben immer dann auf, wenn wir etwas als sinnlos oder zu anspruchsvoll ansehen. Aber was bedeutet das für unser Leben? Was sind Ihre Gründe, wenn Sie etwas aufgeben? Gibt es vielleicht Wege, um diese Gründe zu entkräften?

Es ist wichtig, zwischen diesen Gründen zu differenzieren. Meistens geht es hier nämlich nicht um eine physische Unmöglichkeit, sondern um etwas, dass sich mit Fleiß und genügend Eigenreflexion beheben lässt, zum Beispiel, wenn unser Vorhaben uns als „zu schwierig" vorkommt. Wenn Sie das aus Ihrem Alltag kennen, überlegen Sie, was Ihnen Ihr Vorhaben wert ist. Sollte Ihr Vorhaben an das zuvor angesprochene Warum anknüpfen, muss Ihr Warum stärker sein als das Hindernis, welches die Schwierigkeit darstellt.

Nehmen wir an, Ihr Warum ist ein gesundes Leben für Körper und Geist, welches lang und von Glück erfüllt sein soll. Nun treffen Sie daraufhin die Entscheidung, mit dem Rauchen aufzuhören. Wenn Sie darin Erfolg haben möchten, sollte dieses Warum für Sie so stark in Ihrem Verstand verankert sein, dass es das Verlangen nach einer Zigarette übertönt. Um Ihr Warum zu stärken, können Ihnen Affirmationen und Glaubenssätze helfen, allerdings werden wir auch in unserem 4-Wochen-Plan noch mal genauer darauf eingehen.

Falls wir dennoch trotz des Warums ein Vorhaben aufgeben, kommt es uns in dem Moment vor, als würden wir uns von etwas Stressigem zurück in unsere Komfortzone begeben. Dies kann kurzfristig zur Erleichterung führen, raubt uns aber langfristig sehr viel Lebensqualität.

Sobald Sie aufgeben, geht Ihnen eine Chance verloren, die Sie vielleicht so schnell nicht mehr wiederbekommen. Es ist völlig okay, manchmal einfach nicht motiviert zu sein, doch das allein verwehrt uns keine Möglichkeiten, so wie es das Aufgeben tut. Hierbei bleibt das eigentliche Problem, das Sie lösen wollen, bestehen, aber nicht Ihr Weg, um dieses zu endgültig zu beseitigen. Aufzugeben muss also nicht unbedingt von geistiger Schwäche zeugen, aber sorgt dafür, dass wir auf den gleichen alten Problemen sitzen bleiben und dafür, dass oftmals sehr viel Arbeit und Energie, die man vorher investiert hat, umsonst war. Das kann zu noch mehr Frustration führen und damit zu einem sogenannten „Teufelskreis".

Die Ursache dafür, dass jemand aufgibt, ist meist mit einer Art Blockade verbunden. Wir fangen etwas Konkretes an und sind dabei erstmals sehr enthusiastisch, bis wir auf die ersten Hürden unseres Vorhabens stoßen. Es ist mehr als nachvollziehbar, dass Aufgeben in dieser Situation als das Einfachste und Sinnvollste erscheint, was es aber langfristig auf keinen Fall sein wird.

Anstelle dessen ist die Zeit ein wichtiger Faktor für unsere Kraft und unsere Motivation. Kennen Sie die Redensart „eine Nacht über etwas schlafen"? Diese Redensart gibt es, da wir Menschen dazu neigen, nach einer längeren Ablenkung einen anderen Blickwinkel auf eine Problematik zu entwickeln. Dies liegt daran, dass das Gehirn neue Erkenntnisse nicht sofort verarbeiten kann. Wenn es beispielsweise darum geht, eine neue Sportart zu lernen, ist es völlig normal, erst nach einem längeren Zeitraum Resultate sehen zu können. Hierfür ist eine gute Herangehensweise, es regelmäßig mit genügend Pausen neu zu versuchen, ohne sich selbst dabei zu überfordern.

Frustration und Anstrengung sind einfach ein Teil davon, etwas Neues zu lernen und sich weiterzuentwickeln. Deshalb werden Sie sich bloß selbst bei Ihrer eigenen Entwicklung blockieren, sollten Sie aus Frust etwas aufgeben, das Ihnen sonst sehr am Herzen liegen würde.

Für unseren 4-Wochen-Plan bedeutet das, dass Sie garantiert Willenskraft und Selbstdisziplin aufbauen werden, wenn Sie die kommenden vier Wochen als

Einstieg in eine neue Lebensphase sehen, in der Sie fortlaufend an sich selbst arbeiten können und wollen.

Der 4-Wochen-Plan für Disziplin und Willensstärke

WOCHE 1 – DIE GEWOHNHEITEN BEOBACHTEN

Nun gehen wir in die Praxis über. Vermutlich haben Sie sich für dieses Buch entschieden, um zu erfahren, wie Sie am besten anfangen, Willensstärke aufzubauen. Doch tatsächlich sind Sie damit schon weitergekommen, als Sie zu diesem Zeitpunkt vielleicht denken, denn in diesem Moment haben Sie sich bewusst dazu entschieden, etwas zu verändern.

Alles beginnt bei einer bewussten Entscheidung. Sobald Sie Ihr Warum, das wir in den vorherigen Kapiteln besprochen haben, vollständig gefestigt haben, können Sie all Ihre Entscheidungen darauf aufbauen, um so auch Ihre Komfortzone zu erweitern.

Hierfür sollten wir allerdings erst einmal bei Ihrer Komfortzone selbst anfangen. Komfortzonen bestehen aus festen Gewohnheiten, die komplett unterbewusst ablaufen, da wir sie meist schon hunderte Male durchgeführt haben. So spart unser Gehirn Energie und geht sicher, dass unsere Verhaltensmuster ungefährlich und vor allem auch nutzbringend sind.

Kurz gesagt, durch Gewohnheiten vereinfachen wir uns den Alltag. Dabei gibt es allerdings auch viele mögliche Gewohnheiten, die uns kurzfristig guttun können, sich aber langfristig als hindernd oder ungesund herausstellen. Dies kann beispielsweise der Kaffee am Morgen sein, aus dem nach kurzer Zeit schon drei Kaffee am Morgen werden können.

Deshalb ist das Ändern von Gewohnheiten eine der effektivsten Methoden, um die eigene körperliche und mentale Gesundheit zu stärken. Schwierig ist es da meistens nur, einen Startpunkt für sich selbst zu finden, bis der Vorsatz auch wirklich zur Gewohnheit wird.

Ein bekannter Klassiker wären hier die typischen Silvestervorsätze. Daran ist an sich überhaupt nichts verkehrt, jedoch nehmen sich sehr viele Menschen dadurch die Motivation, um sich auch über den Rest des Jahres neue Gewohnheiten anzueignen.

Im Durchschnitt schafft es tatsächlich nur ca. ein Drittel, Vorsätze länger als zwei Monate einzuhalten. Weniger als ein Viertel schafft es hingegen, Vorsätze langfristig einzuhalten. Sie sind daher nicht allein, falls Sie damit Probleme haben.

Ein Vorsatz ist nämlich eine sogenannte intertemporale Entscheidung. Das bedeutet, wenn Sie sich zum Beispiel vornehmen, mehr mit dem Fahrrad zu fahren als mit dem Auto, müssen Sie diese Entscheidung jedes Mal neu treffen. Sie können also entweder mit dem Auto zur Arbeit fahren und damit sofort eine Belohnung bekommen oder, indem Sie das Fahrrad nehmen, eine langfristige Belohnung in Form von mehr Sportlichkeit erlangen.

Sobald wir uns entweder vor oder gegen unsere Vorsätze entscheiden, entsteht quasi ein Konflikt zwischen unserem jetzigen und unserem zukünftigen Ich. Das heißt jedoch noch lange nicht, dass Sie sich erst gar keine Vorsätze machen sollten, da die Versuchung ohnehin immer da sein wird.

Ein verbreiteter Trick aus der Psychologie ist, die eigenen Vorsätze möglichst konkret und realistisch zu halten. Anstatt nur zu sagen, dass Sie einfach mehr Sport machen wollen, sagen Sie sich beispielsweise, dass Sie nach Arbeit, der Uni oder der Schule jeden Dienstag und Freitag ein Home-Work-out machen wollen. Auch können hierbei feste Einträge in den Kalender helfen, sodass Sie Ihren Vorsatz schriftlich vor sich sehen. So wissen Sie direkt, wie Sie den Start schaffen, und können diese Routine nach und nach steigern, um Ihrem eigentlichen Vorsatz näherzukommen.

Ebenso ist es oftmals sehr hilfreich, sich jemanden mit den gleichen Zielen zu suchen und zusammen an Fortschritten zu arbeiten. Das ist für viele Menschen zusätzlich sehr motivierend, da man, wenn man nun keine Lust auf das gemeinsame Joggen hat, nicht nur ein schlechtes Gewissen bekommt, sondern der anderen Person auch kurzfristig absagen muss.

Es ist nie zu früh oder zu spät für das Aneignen guter Gewohnheiten. Wenn Sie die Entscheidung hierfür getroffen haben, geht es im nächsten Schritt darum, diese auch konsequent in den Alltag zu integrieren.

Das ist nur leider in den meisten Fällen leichter gesagt als getan. An diesem Punkt zeigt sich nämlich etwas, dass wir umgangssprachlich als „inneren Schweinehund" bezeichnen. Damit gemeint sind Gedankengänge, die uns Dinge, die Anstrengung erfordern, ausreden wollen.

Wenn Sie sich zum Beispiel vornehmen, Sport zu treiben, ist es fast schon zu leicht, das schlechte Wetter oder die ungemütliche Kleidung dafür verantwortlich zu machen, es doch sein zu lassen.

Immer, wenn Sie sich in solch einem Moment erwischen, machen Sie sich bewusst, dass dies nur menschliche Reflexe sind, da Menschen bekanntlich Gewohnheitstiere sind. Deshalb kommt es den meisten Menschen zu schwer vor, an ihren Gewohnheiten zu arbeiten.

Aber wie schafft man es, seine eigenen Ausreden zu überwinden? Laut Keynote-Speaker und Autor Dr. Marco Freiherr von Münchhausen ist der wichtigste Ansatz hierfür die Machbarkeit Ihres Vorsatzes.

Allgemein sagt man, dass eine Gewohnheit sechs Wochen braucht, bis sie wirklich angewöhnt ist. Damit eine neue Gewohnheit also machbar für Sie erscheint, sollten Sie sich diesen Zeitraum jeden Tag aufs Neue bewusst machen. So haben Sie etwas Greifbares vor Augen, während Sie an neuen Gewohnheiten arbeiten können. Nachdem diese sechs Wochen vorüber sind, wird Ihnen Ihr Vorsatz schon viel mehr wie eine normale Gewohnheit vorkommen.

Auch kann es hilfreich sein, etwas in kleinen Schritten zu starten. Anstatt sich direkt vorzunehmen, um sechs Uhr morgens aufzustehen, könnten Sie am ersten Tag auch mit acht oder neun Uhr starten und diese Zahl nach und nach steigern, bis Sie problemlos um sechs Uhr aufstehen können. So wird ein Ziel augenblicklich machbarer und lässt weniger Ausreden zu.

Freiherr von Münchhausen rät außerdem auch dazu, am Anfang eines Vorsatzes keine Ausnahmen zuzulassen. Das hat den Grund, dass es mit jeder hinzukommenden Ausnahme leichter und verlockender wird, auch eine nächste Ausnahme zu machen. So können Sie sehr schnell wieder in Ihre alte Gewohnheit zurückfallen.

Dies lässt sich verhindern, indem Sie sich auch für stressige Tage ein absolutes Minimum vornehmen. Zum Beispiel kann das bedeuten, dass Sie bereits sehr früh am Morgen einen Termin haben, obwohl Sie sich für den Morgen 30 Minuten Joggen vorgenommen haben. Anstatt das Joggen nun ganz ausfallen zu lassen, nehmen Sie sich dafür nur 5 Minuten. Diese 5 Minuten haben dann zwar nicht so viele Auswirkungen auf Ihren Körper aber dafür umso mehr auf Ihren Geist.

Alle oben beschriebenen Methoden funktionieren auch, um sich schlechte Gewohnheiten abzugewöhnen. Achten Sie daher diese Woche einmal ganz genau auf Ihre Gewohnheiten und machen Sie sich einen Plan, womit Sie schlechte Gewohnheiten ersetzen wollen. Die meisten schlechten Gewohnheiten passieren, ohne dass wir sie bemerken. Und mit der ersten Woche unseres 4-Wochen-Plans wollen wir das angehen.

Gute Gewohnheiten sollen Spaß machen und Ihr Leben langfristig bereichern. Wahrscheinlich haben Sie auch schon viele gute Gewohnheiten in Ihrem Alltag, die Ihnen bisher noch nicht als solche aufgefallen sind. Sobald Sie sich beispielsweise morgens die Zähne putzen, gehen Sie einer sehr guten Gewohnheit nach, da Sie auf diese Weise Ihre Zähne gesund halten.

Das ist für die allermeisten von uns eine Selbstverständlichkeit, jedoch ist es auch für neue gute Gewohnheiten wichtig, bisher vorhandene Gewohnheiten wertzuschätzen. Und selbst, wenn das erst einmal nur das Zähneputzen ist, ist das ein sehr wichtiger Schritt. Nutzen Sie diese Woche, um sowohl alte als auch neue Gewohnheiten mit Achtsamkeit und Wertschätzung zu verfolgen. So bereiten wir uns auf die zweite Woche unseres Plans vor, in der wir den nächsten wichtigen Schritt für unser Vorhaben angehen werden.

WOCHE 2 – DAS AUSMISTEN

Nachdem wir also letzte Woche Gewohnheiten an sich angegangen sind, wollen wir diese in dieser Woche endgültig festigen. Hierfür spielt Ihre Umgebung und alles, was sich darin befindet, eine tragende Rolle. An dieser Stelle möchte ich Sie zu einem kleinen Gedankenexperiment einladen.

Wenn Sie sich beim Lesen dieses Buches in Ihrer Wohnung befinden, schauen Sie sich einmal ganz genau in dem Raum um, in dem Sie sich gerade befinden. Das kann das Schlafzimmer, die Küche oder auch der Abstellraum sein. Stellen Sie sich nun einmal bildlich vor, wie Sie durch Bänder an jeden einzelnen Gegenstand in diesem Raum angebunden sind. Hierzu zählen auch alle Kleidungsstücke im Schrank und auch alle Bestecke in den Schubladen.

Lassen Sie diese Vorstellung für einen Moment in sich zu und achten Sie darauf, wie Sie sich fühlen. Ist es ein gutes Gefühl? Oder kommen Sie sich eher erdrückt oder überlastet vor?

Mit diesem Gedankenexperiment wird klar, welche Beziehungen wir emotional zu unseren Besitztümern und unserer Umgebung haben. Bestimmt haben Sie schon mal den Begriff „Minimalismus" gehört und haben vielleicht auch unterschiedliche Gedanken zu diesem Thema. Der Grundgedanke von Minimalismus ist, sich auf allen Ebenen auf die Dinge zu fokussieren, für die man dankbar sein möchte und die uns Lebensqualität schenken.

Denken Sie einmal zurück an Ihr Warum, welches wir anfangs festgelegt haben. Unterstützen Ihre Besitztümer die Umsetzung Ihres Warums? Unterstützen Ihre Freunde Ihr Warum? Verbringen Sie vielleicht zu viel Zeit mit Dingen, die Sie von Ihrem Warum abhalten?

Egal, wie Sie diese Fragen für sich beantworten, es ist vollkommen okay. In unserer postindustriellen Gesellschaft ist es einfach zur Normalität geworden, ohne zu hinterfragen, massenhaft zu konsumieren. Dadurch unterdrücken wir unterbewusst gern mal unseren eigentlichen Willen und tun stattdessen das, was die Gesellschaft uns vorlebt.

Jeder Mensch tut dies in irgendeiner Form. Das wird dann problematisch, sobald wir uns unseres Konsums nicht mehr bewusst sind und damit keine

Kontrolle mehr darüber haben, wie viel wir eigentlich konsumieren.

Letzte Woche ging es in unserem Plan darum, Gewohnheiten achtsam und bewusst durchzuführen und dadurch eventuell zu überdenken und zu verändern. Diese Woche machen wir dieses mit unserem Konsum und mit den Dingen in unserer Umgebung. Wir werden alles ausmisten, was in Ihrem Leben keinen Platz haben sollte.

Da kann es auch helfen, die Gegenstände in Ihrer Wohnung allesamt einzeln in die Hand zu nehmen und sich zu fragen, wieso Sie es gekauft haben, welches Gefühl es Ihnen gibt und ob es Ihr Warum unterstützt.

Wenn Sie diese Methode im Laufe dieser Woche immer mal wieder anwenden, bekommen Sie schnell ein viel besseres Verständnis dafür, wie Sie Ihre Umgebung und Ihre Besitztümer Sie bestmöglich auf Ihrem Weg zu mehr Willenskraft für sich nutzen können.

Im Optimalfall besitzen Sie am Ende nur die Dinge, von denen Sie wissen, dass sie Ihnen guttun und verkaufen, verschenken oder spenden die Dinge, die Ihnen nicht guttun oder von denen Sie keinen Nutzen haben.

Alles, was Sie auf irgendeine Weise von Ihrem Warum abhält, sei es zeitlich oder durch schlechten

Einfluss, lässt Sie langfristig Energie und damit auch ein Stück Willenskraft einbüßen.

Dieses Prinzip gilt so auch nicht nur für Ihre Besitztümer, sondern auch für alles Weitere, das Sie konsumieren, wie zum Beispiel auch Ihre Ernährung oder soziale Medien.

Sollten Sie beispielsweise einen gesünderen Lebensstil anstreben und wollen diesen auch nach außen ausstrahlen, wird es ebenfalls Zeit, Ihren Kühlschrank auszumisten.

Fast Food verleiht kurzzeitig Glücksgefühle, aber hält uns langfristig nicht gesund. Somit sollten Sie dies nicht nur nach Lust angehen, sondern auch nach dem Gedanken, welche Lebensmittel Ihnen langfristig Glück und Kraft spenden. Auch kann es hier ein einflussreicher Faktor sein, welche Auswirkungen die Lebensmittel, die Sie konsumieren, auf die Umwelt haben, da es für die Auslebung Ihres Warums auch wichtig sein kann, wie Sie mit Ihrer Umwelt interagieren.

Gehen Sie mit Ihrer Umwelt stets so um, wie Sie auch mit Ihrem eigenen Leben umgehen möchten, denn die Umwelt formt genauso uns, wie wir Menschen Sie formen.

Zusätzlich hängt unsere Willenskraft auch, wie oben bereits angedeutet, davon ab, von welchen sozialen Medien wir uns beeinflussen lassen. Diese sorgen nämlich tendenziell eher dafür, dass wir Zeit investieren, um uns von unserem Geist abzulenken, anstatt Zeit darin zu investieren, gerade diesen Geist ausreichend zu stärken.

Daher kann man sich auch bei dem eigenen Medienkonsum fragen, welche Medien eine Bereicherung darstellen oder ob sie vielleicht einfach nur eine zu zeitintensive Ablenkung sind. Außerdem ist gerade bei sozialen Medien noch ein wichtiger Punkt, welche Werte sie vermitteln.

Oftmals führen soziale Medien zu Vergleichen, die uns ein sehr negatives Bild von uns selbst anzeigen, das meist gar nicht der Realität entspricht. Auf Instagram kann man beispielsweise sehr schnell in eine gestellte Realität hineingeraten, die uns unrealistische Ideale aufzeigt.

Falls Sie an dieser Stelle das Gefühl haben, dass Sie auch mit dieser Problematik kämpfen, können Sie diese Woche auch gern nutzen, um die Instagram-Accounts, denen sie folgen, oder Ihre YouTube-Abonnements auszusortieren.

Natürlich funktioniert das Prinzip des Ausmistens auch in die andere Richtung. Sobald Sie sich Raum und Zeit schaffen, indem Sie sich von unnötigem Ballast trennen, können Sie diesen Platz nutzen, um sich selbst an Ihre Vorsätze und neuen Gewohnheiten aus der ersten Woche zu erinnern. Das kann zum Beispiel heißen, sich die spanische Flagge in die Wohnung zu hängen, wenn Sie Spanisch lernen möchten.

Wesentlich ist letzten Endes nur, dass Sie sich auf das fokussieren, was Sie persönlich erfüllt und an Ihr Warum anknüpft. Damit schaffen Sie auch den ersten und wichtigsten Ansatz für mehr Dankbarkeit in Ihrem Leben.

Willenskraft besteht schließlich nicht nur darin, seinen Willen gut durch- und umsetzen zu können, sondern auch darin, dankbar für das sein zu können, was man bereits besitzt, um so auch genau zu verstehen, was man will und was nicht.

Bestimmt kennen Sie Gedanken mit dem Wortlaut: „Sobald ich diese Sache besitze, dann bin ich glücklich." „Wenn ich das habe, dann kann ich endlich glücklich sein." Sinngemäß hat mit Sicherheit jeder Mensch schon mal so gedacht. Auch hier bleibt das Glücksgefühl meist nur von kurzer Dauer, da wir auf diesem Weg nur versuchen, ein Bedürfnis zu befriedigen, dass im Grunde nur durch die richtige Persönlichkeitsentwicklung gestillt werden kann. Ansonsten wird es immer wieder ein Wenn-Dann für Sie geben.

Zusammengefasst dient diese Woche dazu, dieses Konsumbedürfnis auf Glück bringende Dinge zu verlagern und Ihnen die Zeit zu geben, sich von den Dingen zu trennen, die Sie vielleicht wieder in schlechte Gewohnheiten zurückfallen lassen, keinen Nutzen für Sie haben oder generell einen negativen Einfluss auf Sie haben. Dies kann auf allen möglichen Ebenen geschehen, sei es ein Gegenstand, etwas Digitales oder auch eine Person, die Ihnen nicht guttut. Falls Sie schon länger das Bedürfnis haben, sich von etwas Negativem zu lösen, ist jetzt der richtige Zeitpunkt dafür gekommen. Bei menschlichen Beziehungen ist ein endgültiger Kontaktabbruch sehr drastisch, aber auch eine Kontaktverminderung auf Zeit kann hierfür helfen, wenn sich Ihre Beziehung zu diesem Menschen toxisch entwickelt hat.

Sofern dieser Schritt nun getan ist, sind Sie bereits an einem Punkt angekommen, an dem Sie eine sehr wohltuende Komfortzone für sich erarbeitet haben und dafür auch sehr stolz auf sich sein können.

In der nächsten Woche geht es dann darum, wie Sie diese Komfortzone auch Stück für Stück erweitern können, um noch mehr positive Einflüsse und Erfolgserlebnisse in Ihr Leben zu bringen.

WOCHE 3 –
HERAUSFORDERUNGEN SUCHEN

Wenn Sie das hier lesen und bereits alles bisher Beschriebene umgesetzt haben, sind Sie schon sehr weit gekommen. Sie haben sich in den letzten zwei Wochen eine Grundlage aufgebaut, mit der Sie sich auch über längere Zeit ein sehr hohes Maß an Disziplin aneignen können.

Hierzu muss jedoch ein wesentlicher Faktor von Disziplin klargestellt werden, denn das, was wir als Gesellschaft als Disziplin wahrnehmen, ist die Disziplin, die durch äußeren Druck entsteht. Woran wir hier arbeiten wollen, ist allerdings die Selbstdisziplin, die aus dem Inneren kommt, also die Disziplin, die mit Willenskraft einhergeht. Diese soll das Werkzeug werden, das Ihnen hilft, Herausforderungen mit Leichtigkeit anzunehmen und zu meistern.

Damit haben Sie den großen Vorteil, viel schneller und leichter dazulernen zu können, was Ihnen im Umkehrschluss auch Ihr komplettes Leben erleichtern wird. Schließlich kann man an den Dingen, die man schon kennt, weder wachsen noch sich weiterentwickeln.

Wir Menschen besitzen ein psychologisches Muster, das unsere Bereitschaft für Anstrengung zurückgehen lässt. Umso mehr Dinge wir tun, die erst gar keine Anstrengung von uns erfordern, desto mehr wird auch die Willenskraft durch dieses Muster sinken.

Ein gutes Beispiel wäre hier das Zeichnen. Wer jeden Tag nur dieselben Motive zeichnet, wird früher oder später an einen Punkt geraten, an dem sich seine Zeichnungen nicht mehr verbessern. Wer sich aber an schwierigere Motive herantraut, wird dauerhaft lernen und besser werden können.

Aus diesem Grund ist es auch, im Gegensatz zu einem sehr weitverbreiteten Glauben, ein gutes Zeichen, wenn Sie mit Ihrer früheren Arbeit nicht mehr zufrieden sind. Dies zeigt nämlich, dass Sie sich als Mensch entwickeln, an Erfahrung gewonnen haben und neue Erkenntnisse gewinnen.

Es ist hierbei fast egal, um welche Tätigkeit es sich handelt. Sofern Sie das Gefühl bekommen, nicht mehr weiterzukommen, ist es vermutlich an der Zeit, sich an die nächstschwierigere Stufe zu wagen.

Haben Sie schon mal Aussagen gehört wie „Manche Leute haben einfach Talent und sind von Geburt an besser als andere"? Dieses Argument ist in meinen Augen fernab der Realität.

Natürlich gibt es Menschen, die ganz offensichtlich sehr viel Übung in etwas bestimmtem haben, und ich bin mir sicher, dass jeder von uns solche Menschen aus dem eigenen Leben kennt. Dennoch wäre der Begriff „Talent" hier sehr irreführend, da er nicht klar definiert ist. Einige würden ihn mit dem Wort "Begabung", andere wiederum mit dem Wort "Veranlagung" übersetzen. Wenn wir aber das Wort "Talent" gegen das Wort "Motivation" austauschen, wird schon viel eher klar, was hier den Unterschied macht.

Als Wort hört sich das immerhin sehr einfach an, aber in der echten Welt erlebe ich es viel zu oft, dass Leute abends von der stressigen Arbeit nach Hause kommen und sich fragen, wie man denn dann noch seinen Hobbys nachkommen und sich selbst verwirklichen will.

Für mich persönlich wären dieses Hobby und diese Selbstverwirklichung definitiv das Schreiben. Wenn ich abends nach Hause kam, war das Schreiben für mich einfach ein Muss, das ich nie hinterfragt habe. Deshalb hat es Jahre gebraucht, bis ich verstanden habe, dass ich das in erster Linie für mich mache, weil es mir und auch all denen, die meine Texte lesen, guttun soll.

Sobald Sie sich also Zeit für sich selbst nehmen, sollte Ihr erster Gedanke nicht sein, dass Sie jetzt auch noch einem Hobby gerecht werden müssen, sondern dass Sie endlich Freizeit haben, auf die Sie sich schon lange gefreut haben. Mit dieser Einstellung haben Sie direkt eine viel offenere Mentalität für neue Herausforderungen und vielleicht auch altbekannte Dinge, an denen Sie über die Zeit den Spaß verloren haben.

Daher gibt es hier kein „Dafür habe ich kein Talent". In Woche eins haben wir uns bereits Ausreden vorgenommen, die wir uns selbst einreden, um etwas Schweres nicht machen zu müssen. Mangelndes Talent gehört hier genauso zu dieser Art der Ausreden, denn Talent ist keine Voraussetzung, um etwas von der Pike auf zu lernen.

Ich verspreche Ihnen deshalb, dass Sie mit Übung alles schaffen werden, wozu Sie als Mensch rein physikalisch in der Lage sind, nachdem Sie den Mythos des Talents aus Ihrem Weltbild verbannt haben.

Sie müssen sich dabei nur immer wieder ins Gewissen rufen, dass jede Tätigkeit nun mal ein gewisses Maß an Übung braucht, bis man Resultate sieht. Dies kann man beispielsweise gut in Fitnessstudios beobachten. Dort sieht man die Resultate auch erst nach viel regelmäßigem Training, aber dafür umso besser. Genauso ist es auch bei allem anderen im Leben.

Nehmen wir für ein weiteres Beispiel mal die Fähigkeit, zu lesen und zu schreiben. Wenn Sie diese Worte verstehen und im Kopf verarbeiten können, haben Sie diese Fähigkeit, so wie fast alle von uns. Haben wir also deshalb alle ein angeborenes Talent oder hatten wir alle einfach dieselbe Motivation und den richtigen Willen, um Lesen und Schreiben zu lernen?

Die einzigen Dinge, die wir wirklich von Geburt an können, sind Atmen, Essen, Trinken und Schlafen. Alles Weitere bekommen wir im Lauf unseres Lebens beigebracht, wozu auch zählen kann, wenn wir uns etwas selbst beibringen.

Somit stand hinter all Ihren Fähigkeiten, die Sie heute beherrschen, mal eine lernwillige Motivation. Ahnen Sie es schon? Ihr Warum wird ab dieser Woche Ihre lernwillige Motivation sein. Angenommen, Sie behalten sich dies für einen längeren Zeitraum bei. Werden Sie später sagen wollen, Sie haben etwas Großes durch Talent geschafft? Oder fühlt es sich besser an, zu sagen, dass Sie sich etwas Großes hart erarbeitet haben?

Sobald Sie mit einer typischen Anfangseuphorie etwas Neues starten, werden trotzdem immer auch

Momente da sein, die Ihnen das Leben schwer machen. Diese Momente wird leider kein Buch und kein Motivationscoach auf dieser Welt verhindern können. Aber nachdem Sie einmal etwas durchgehalten haben, können Sie jederzeit zurückschauen und sich für das loben, was Sie bereits geschafft haben. So entsteht nämlich dauerhafte Motivation.

Sie können solch eine Motivation sogar durch simple Dinge im Alltag aufbauen. Suchen Sie sich diese Woche also immer wieder etwas, das Sie Überwindung kostet. Dies könnte eine kalte Dusche am Morgen sein, eine Fahrradtour anstelle der üblichen Autofahrt oder der schon länger überfällige Fensterputz. Wenn Sie sich selbst heute auf diese Weise herausfordern, können Sie morgen stolz zu sich sagen, dass Sie diese Herausforderung gemeistert haben.

Der Sinn dieser Herangehensweise ist, Ihre persönlichen Grenzen so weit wie möglich zu verschieben, damit auch großer Alltagsstress und schwierige Probleme diese Grenzen nicht sprengen können.

Natürlich wird es Sie als Person nicht verändern, wenn Sie kalt duschen, dennoch steigern Sie so Ihr Durchhaltevermögen so immens, dass Sie dieses auch auf alle anderen Bereiche übertragen können.

Sollten Sie somit eine Herausforderung ablehnen, weil sie Ihnen zu riskant vorkommt, dann tun Sie damit etwas, das fast schon noch riskanter ist: Sie verwehren sich selbst eine Chance, wodurch Sie metaphorisch auf ein- und derselben Stelle stehen bleiben.

Vielleicht dachten Sie letzte Woche noch, dass Sie bereits genug Herausforderungen im Leben haben und nicht noch mehr haben wollen. Und diese Annahme ist auch vollkommen nachvollziehbar, schließlich ist das Leben sehr oft verdammt unfair zu uns. Doch in Wahrheit haben Sie bisher alle Herausforderungen Ihres Lebens überlebt; also was hält Sie jetzt gerade von Ihrer nächsten Herausforderung ab?

WOCHE 4 – SELBSTLIEBE NACHHALTIG AKTIVIEREN

Wir sind nun in der allerletzten Woche unseres 4-Wochen-Plans angekommen. Um ehrlich zu sein, ich musste hier wirklich länger überlegen, was ich Ihnen als allerletztes mitgeben möchte. Es gibt schließlich tausende Motivationsblogs auf etlichen Internetplattformen wie Instagram oder Twitter, die irgendwo alle dieselben oder zumindest sehr ähnliche Aussagen treffen.

Das sind diese typischen Zitate wie „Träume nicht dein Leben, sondern lebe deinen Traum" oder "Machen ist Wollen, nur besser". Aber wer sagt Ihnen nun, wie Sie es machen? Wie schaffen Sie es denn jetzt, Ihren Traum zu leben?

Wenn wir an dieser Stelle mal in die moderne Hirnforschung hineinschauen, stellen wir fest, dass ein Mensch im Durchschnitt siebzigtausend Gedanken allein an einem Tag hat. Die meisten davon vergessen wir wieder, aber grundsätzlich haben wir durchschnittlich siebzigtausendmal am Tag die Chance, unser Denken bewusst positiv zu beeinflussen.

Das Problem liegt hierbei an der Vergänglichkeit unserer Gedanken. Wir stehen morgens auf und gehen vielleicht sogar mal gut gelaunt und hoffnungsvoll zur Arbeit, doch ein stressiges Meeting und zwei Kaffee-lose Stunden später sieht die Welt schon wieder ganz anders aus.

Die meisten dieser typischen Motivationsblogs tun genau das. Man ist kurzzeitig motiviert und euphorisch, bis man einen Gedanken später wieder in die eigene Realität zurückfällt.

Mit diesem Buch möchte ich genau das verhindern. Deshalb soll es in unserer letzten Woche darum gehen, wie Sie sich alles, was Sie bisher gelernt und sich mühevoll erarbeitet haben, dauerhaft beibehalten, damit das alles auch einen wirklichen Mehrwert für sie hat.

Im normalen Alltag, wenn man nicht gerade ein Buch über Willenskraft liest, denken wir leider viel zu oft, dass wir keine Zeit für uns selbst und unsere eigenen Bedürfnisse haben.

Der englische Schriftsteller George Orwell hat mal gesagt: „Es ist nicht die Zeit, die heute schneller vergeht als früher, nur wir laufen eiliger an Ihr vorbei". Dieses Zitat stammt sogar noch aus dem zwanzigsten Jahrhundert.

Ich finde es dennoch heutzutage umso treffender, da wir sehr oft einfach aus den Augen verlieren, dass wir selbst die komplette Entscheidungsgewalt darüber haben, womit wir die vierundzwanzig Stunden verbringen, die wir pro Tag zur Verfügung haben. Wenn Sie also keine Zeit für etwas haben, ist Ihnen etwas anderes in Wahrheit gerade wichtiger.

Ist Ihnen schon mal bewusst geworden, dass Sie so gut wie nie etwas wirklich müssen? Alles, was wir selbst machen, ist schließlich eine bewusste Entscheidung. Wenn Sie also Ihrer Arbeit nachgehen und Zeit in diese investieren, entscheiden Sie sich jedes Mal aufs Neue aufgrund der Vorteile dafür. Es ist jeden Tag Ihre eigene Entscheidung, dass Sie Ihre Zeit gegen Geld eintauschen.

Die Coachin und Ernährungsberaterin Sarah Tschernigow erklärt dies mit einem sehr interessanten Vergleich. Sie sagt, dass eine gewöhnliche Uhr mit zwölf Ziffern uns eigentlich komplett fehlleitet, denn das Leben funktioniere nicht wie eine Uhr, deren Zahlen sich immer wiederholen und deren Zeiger immer wieder um diese herumgehen. Unser Leben sei vielmehr wie eine Sanduhr, deren Körner Stück für Stück nach unten durchsickern und dann nicht mehr zurückkommen.

Es liegt allein an Ihnen, zu entscheiden, wovon diese Sanduhr beeinflusst wird. Das sorgt zwar nicht dafür, dass die Sanduhr später abläuft, aber zumindest dafür, dass sie das langsamer tut.

Wie ich am Anfang dieses Buches bereits erwähnt habe, ist hier das Zauberwort Lebensqualität, denn wer mehr Energie aus sich selbst schöpfen kann, der erhält auch umso mehr Treibstoff für diese Energie zurück. Auch, wenn Sie zum Beispiel mal ein Glas Wasser statt eines Softdrinks oder Biers trinken, wird Ihr Körper Ihnen schon für diese kleine Entscheidung danken.

Und für solche kleineren Dinge, die der Anfang für etwas viel Größeres sein können, haben wir auch mit einem augenscheinlich stressigen Leben die Zeit. Schließlich haben die meisten auch genug Zeit, um sehr viel Geld zu verdienen, dass sie daraufhin wieder für die Dinge ausgeben, mit denen sie anderen Leuten gefallen wollen, denen diese Menschen selbst vollkommen egal sind.

Aber dieser Lebensstil sollte nicht sein, was Sie wollen, wenn Sie willensstark und vor allem auch glücklich werden wollen. Möchten Sie Ihr ganzes Leben lang dem hinterherjagen, was Sie zu müssen glauben? Oder wäre es vielleicht besser, wenn Sie sich von vornherein auf das fokussieren, was Ihnen selbst und Ihrer Umwelt nachhaltig guttut?

Wenn Sie sich jetzt auf diese Fragen einlassen können, haben Sie bereits genau das verinnerlicht, was ich Ihnen mit diesem letzten Abschnitt dieses 4-Wochen-Plans mitgeben wollte: Selbstakzeptanz und vielleicht sogar schon Selbstliebe.

Sollten Sie nach einem konkreten Baustein für Willenskraft suchen, dann ist dieser definitiv Selbstliebe. Das kommt Ihnen an dieser Stelle vielleicht sehr klischeehaft vor, aber letztlich haben nur Sie die Verantwortung für sich selbst und Ihre eigenen Entscheidungen.

Ob Sie in einer Beziehung bleiben, die Sie längst unglücklich macht, oder ob Sie weiterhin einem Job nachgehen, der Ihnen schon lange zur Last fällt oder einfach nicht gerecht wird, ist komplett von Ihnen selbst auferlegt.

Wenn Sie Gemüse anstelle eines Kuchens essen und sich dafür loben, ist das einfach nur eine Frage der eigenen Entscheidung. Sie sollten daher auf keinen Fall zu sich selbst sagen, dass Sie sich gesund ernähren müssen, aber vielleicht wollen Sie sich einfach wegen der Vorteile gesund ernähren.

Wir haben bereits begonnen, an diesen eigenen Entscheidungen zu arbeiten, angefangen bei Ihrem Warum und Ihren Gewohnheiten. Und durch Selbstliebe wird es Ihnen auch gelingen, diese Entscheidungen sich selbst gegenüber durchzusetzen.

Zu dieser Selbstliebe gehören natürlich nicht nur Ihre positiven Phasen, sondern ebenso Ihre Ängste, Zweifel und Unsicherheiten, welche auch einfach nur menschliche Emotionen sind. Vielleicht konnte dieses Buch Ihnen schon ein paar Ihrer Ängste nehmen, jedoch werden Ängste immer ein Teil Ihres Lebens sein. Das ist auch gar nichts Schlimmes, solange Sie lernen, Ihre Ängste genauso als Teil von sich zu lieben. Angst zeigt uns nämlich nicht unbedingt nur, wie furchtbar etwas ist, sondern schlicht und ergreifend, dass wir etwas anders machen sollten, als wir es bisher tun.

Sofern Sie, beispielhaft gesehen, Angst haben, jemanden zu enttäuschen, fragen Sie sich, warum genau Sie diese Angst verspüren. Liegt es tatsächlich an Ihnen oder viel eher an der Erwartung dieser Person? Sollten Sie sich somit weiterhin auf so eine Person einlassen oder doch eher den Kontakt zu dieser Person verringern?

Versagensängste entstehen häufig durch Druck. Dieser Druck kommt entweder von außen, was auch heißt, dass wir ihn durch eine andere Umgebung verhindern können, oder er kommt von innen.

Wenn Sie sich durch Angst von etwas abhalten lassen, schaffen Sie sich so eine Komfortzone, in der Sie kein Risiko eingehen müssen. Das bedeutet aber auch, dass Sie das, wovor Sie Angst haben, in Ihre Komfortzone einbinden können, sobald Sie es einmal gemacht und Ihre Angst überwunden haben.

Die amerikanische Autorin und Motivationstrainerin Lisa Nichols sagt hierzu zu Deutsch übersetzt: „Alles, was man tun muss, ist, zu leben, als hätte man seine Ängste schon längst überwunden." Ich persönlich finde dieses Zitat sehr treffend.

Natürlich haben wir aus gutem Grund Angst vor gefährlichen Dingen wie Höhe, Isolation oder Krankheiten. Trotzdem haben wir auch Angst vor zum Beispiel Spinnen, Prüfungen oder dem Versagen.

Einige solcher Ängste sind veranlagt, die meisten sind jedoch auferlegt, entweder von uns selbst oder von anderen, die uns Ihre eigenen Ängste mitgaben. Versuchen Sie mal, darauf zu achten und Ihre Ängste vor diesem Hintergrund zu hinterfragen, sehr oft haben sie nämlich keinen nachvollziehbaren Grund.

Es kann immer sehr schwierig und surreal sein, Ängste zu überwinden, aber sobald Sie sich bildlich vorstellen, dass diese Angst schon längst überwunden ist, wird es Ihnen schon einmal wesentlich leichter fallen.

Im Endeffekt ist das menschliche Leben im Durchschnitt nur dreißigtausend tagelang. Wir wachen also dreißigtausendmal auf und können neu bestimmen, ob wir uns von unserer Angst leiten lassen oder wir es wagen, sie zu überwinden. Und jedes Mal, wenn Sie bewusst oder unterbewusst beschließen, auf Ihrer Angst sitzen zu bleiben, verlieren Sie eine dieser Chancen.

Vielleicht denken Sie sich, dass eine Chance von dreißigtausend nicht viel sein kann, jedoch sollten Sie auch daran denken, wie viele von diesen dreißigtausend Tagen schon vergangen sind, sofern es dreißigtausend werden.

All diese Tage können wir damit verbringen, uns mit anderen Menschen auf Instagram zu vergleichen, die meist nur vorgeben, viel Geld, die perfekte Beziehung und das perfekte Aussehen zu haben. Aber willensstarke Menschen nutzen alle diese Tage auch, um sich auf sich selbst zu fokussieren und auf das, was wirklich wichtig ist.

Als kleiner Denkanstoß: Wann haben Sie das letzte Mal Ihrem Partner oder Ihrer Partnerin, Ihrer Familie oder Ihren Freunden dafür Danke gesagt, ein Teil von Ihrem Leben zu sein? Wann haben Sie das letzte Mal bewusst Ihrem Körper dafür gedankt, Ihnen das zu schenken, was den größten Wert auf dieser Welt hat? Dieser Körper schenkt Ihnen Ihr Leben und damit die Möglichkeit, alles zu erreichen und zu erschaffen, was ein Mensch sich vorstellen kann.

Dieser Körper gibt Ihnen jeden Tag die Chance, zu lachen. Es mag sich für den Anfang komisch anfühlen, aber je öfter Sie sich zwingen zu lachen, desto leichter wird Ihnen auch ein echtes Lachen fallen. Versuchen Sie es, sooft Sie können. Warum? Weil meine Leser glückliche, starke und lebensfrohe Menschen sind. Und die, die es noch nicht sind, sind dennoch dabei, genau das zu werden.

Deshalb werden Ihnen Phrasen wie „Ich versuche" oder „Ich wäre gern" nicht viel helfen. Vorsätze sind an sich immer eine gute Sache, doch verwenden Sie stattdessen lieber Phrasen wie „Ich bin" oder „Ich werde". Diese sind viel stärker, da Sie und Ihr Gehirn diese Dinge wirklich glauben, indem Sie diese Phrasen öfter zu sich sagen.

Jeden Tag Ihres Lebens werden Sie etwas Neues dazulernen, daher sind Sie heute schlauer, reflektierter und weiser als jemals zuvor und werden morgen auch schlauer sein als heute. Somit ist jede neue Erfahrung ein Teil Ihrer Entwicklung und ja, auch jeder Rückschlag in Ihrem Leben.

Man sagt, durch Rückschläge wird man stärker. Ich sage jedoch, dass Sie durch jeden Rückschlag lernen, wie man es besser macht. Erinnern Sie sich an das Kapitel, in dem wir darüber gesprochen haben, was es bedeutet, aufzugeben? Meistens geben wir dann auf, wenn wir Niederschläge erfahren. Dabei sind Niederschläge der schlechteste Zeitpunkt, um etwas aufzugeben.

Wenn selbst Menschen, denen Finger fehlen, lernen, Klavier zu spielen, und Menschen, die kein Gehör haben, lernen zu sprechen, dann gibt es keinen Grund mehr für Versagensängste, wenn Sie komplett gesund sind. Wir tendieren leider sehr häufig dazu, uns viel mehr zu beschweren und Gründe zu suchen, etwas nicht zu machen, anstatt Gründe zu suchen, um etwas zu tun, das uns weiterbringt.

Wahrscheinlich haben Sie angefangen, dieses Buch zu lesen, da Sie das Gefühl haben, nicht gut genug zu sein. Ich weiß nicht, seit wann dieses Gefühl Sie begleitet, und ich weiß auch nicht, was dieses ausgelöst hat. Aber ich weiß, dass Sie jetzt gerade den Punkt erreichen, an dem Selbstliebe anfängt, schon aufgrund Ihrer Entscheidung, Ihre Zeit dafür zu nutzen.

Hierfür sollten Sie wissen, dass Selbstliebe nicht bedeutet, sich selbst toll zu finden. Wir glauben bloß meist, zu wissen, wann wir uns toll finden würden, ohne uns dabei wirklich toll zu finden. Sofern Sie demnach ständig nur versuchen, einem Idealbild zu folgen, das Sie niemals wirklich erreichen werden, werden Sie nicht glücklich mit sich selbst.

Darum meinen wir mit der Frage „Wie kann ich es schaffen, mich selbst zu lieben?" oft viel eher die eigentliche Frage „Wie werde ich zu der Person, die diese Liebe in meinen Augen verdient hat?", was einen viel zu hohen Anspruch an uns selbst darstellt.

Daher ist es eigentlich der verkehrte Ansatz, diese starke Zuneigung, die man für andere Menschen empfindet, wenn man sie liebt, auf Zwang auf sich selbst übertragen zu wollen. Selbstakzeptanz oder Selbstannahme wären hier also ein akkuraterer Begriff.

Letztlich können wir unser Denken und unsere Handlungen kontrollieren, allerdings hat jeder von uns auch Eigenschaften, die sich nicht kontrollieren lassen. Auch hier ist eine bewusste Entscheidung gefordert, wie Sie damit umgehen wollen.

Haben Sie schon mal einen anderen Menschen dafür verurteilt, nicht perfekt zu sein? Vermutlich lautet Ihre Antwort Nein. Trotzdem machen die meisten genau das mit sich selbst. Wenn Sie die Möglichkeiten Ihres Lebens wertschätzen und nutzen wollen, müssen Sie genauso die Komponenten von sich und Ihrem Leben annehmen, die Ihnen nicht so gut gefallen, denn diese gehören ebenso zu Ihnen und machen Sie als Mensch so aus, wie Sie sind.

Aufgrund dessen ist mein Ziel in dieser letzten Woche, dass Sie endgültig Frieden mit sich selbst schließen können, ohne auch nur einen Teil von sich selbst abzulehnen, da Sie nur auf diesem Weg Ihre vollständige Willenskraft entfalten können.

Das kann zum Beispiel für Sie bedeuten, dass Sie nun nicht mehr von sich erwarten, jeden Tag die produktivste Arbeitskraft auf Ihrer Arbeit zu sein, weil Sie das gar nicht sein müssen. Solange Sie Ihren eigenen Wert kennen und das, was Sie gern tun, mit Leidenschaft angehen, machen Sie bereits alles richtig.

Konkreter ausgedrückt, findet Selbstliebe in jedem einzelnen Moment statt und nicht erst, wenn Sie einen bestimmten Zustand erreicht haben, den Sie eventuell gar nicht erreichen können. Wer sich nämlich nur für den Zustand liebt, in dem er sich gerade befindet, besitzt kein gesundes Selbstwertgefühl, sondern viel eher eine Tendenz zur Selbstüberschätzung oder sogar zu krankhaftem Narzissmus.

Dies soll selbstverständlich nicht unser Ziel sein. Das einzige, lang anhaltend gesunde Bild, das wir von uns selbst haben können, ist ein realistisches Bild. Jeder Mensch hat unheimlich viele Facetten, mit denen man unterschiedlich umgehen kann, und einige können auch zeigen, dass wir noch zu lernen haben oder einfach nicht immer alles richtig machen können.

Falls es menschlich möglich wäre, immer das Richtige zu tun, sprich, perfekt zu sein, hätte sich diese Perfektion über die ganze Welt ausgebreitet. Dann gäbe es keine Geschichten mehr zu erzählen, keine Abenteuer mehr zu erleben und keine Lektionen mehr, die wir lernen könnten, weil uns rein gar nichts mehr prägen oder zum Positiven verändern könnte.

Was stattdessen möglich wäre, ist zu versuchen, so nah wie möglich an ein „gesundes" und menschliches Perfekt heranzukommen und damit auch an Ihr Warum, denn dieses formt Ihre ganz persönliche Perfektion.

Es kann dabei auch sehr gut sein, dass Ihnen das erstmalig sehr schwerfällt, vor allem dann, wenn Sie vielleicht als Kind schon negative Erfahrungen machen mussten und einfach nicht das Gefühl hatten, geliebt zu werden.

Trotzdem konnten Sie dies bereits in gewisser Weise von sich lossagen, ansonsten wären Sie nicht bis hierhin gekommen. Und damit das auch so bleibt, kommt hier ein kleiner Hinweis: Die Meinung anderer Menschen sagt viel mehr über diese selbst aus als über Sie. Die Menschen, die sich innig mit Ihnen beschäftigen, können Ihnen Seiten über sich zeigen, die Sie möglicherweise selbst nicht sehen, jedoch kann niemand Sie als Mensch definieren, abgesehen von Ihnen selbst.

Es gibt unzählige Eltern, die sich vor Ihren Kindern darüber streiten, wer die Kinder am nächsten Tag zur Schule fahren muss und wer zu Hause bleiben darf. So vernehmen die Kinder nur, dass sie Ihren Eltern nicht wichtig genug dafür sind, was sich in deren Unterbewusstsein einprägt. Doch dies wäre eindeutig der Fehler der Eltern und nicht der Fehler der Kinder. Wer solche Erfahrungen machen muss, hat es schwerer, sich selbst anzunehmen und zu lieben. Doch manchmal schaffen es gerade diese Menschen doch und können dann umso stolzer auf sich selbst sein.

Darum glaube ich, dass jeder, der dieses falsche Selbstbild auferlegt bekommen hat, immer und überall die Chance hat, das von Grund auf nachzuholen. Ansonsten wird es mit einem falschen Selbstbild dazu kommen, dass Sie immer mehr Dinge wollen, um anderen zu imponieren, ohne dass Sie realisieren, was Sie selbst wirklich wollen.

Deswegen ist es auch sehr wichtig, die eigenen Wünsche zu hinterfragen. Dienen Ihre Wünsche Ihnen selbst oder dienen sie vielmehr einer Idealvorstellung, die Ihnen von außen auferlegt wird?

Die Anerkennung, die wirklich etwas wert ist und für uns zählen sollte, ist die für persönliche Fortschritte und nicht die für materielle Güter oder eine aufgesetzte Fassade. Auch wenn Sie diese Anerkennung noch gar nicht kennen, haben Sie nichts falsch gemacht. Gerade in diesem Fall sollten Sie sich diese umso mehr selbst schenken, da der Wert eines Menschen nicht von seiner Leistung abhängt, auch wenn Ihnen die Gesellschaft etwas anderes einreden will. Hier ist die Gesellschaft noch nicht weit genug entwickelt.

Sollten Sie das noch nicht glauben können, stellen Sie sich einmal die folgende Frage: Wer hat das Recht, zu definieren, ab wann ein Mensch wertvoll ist? Was ist zum Beispiel mit Neugeborenen, die noch gar keine Leistung erbringen können? Sind diese dafür auch weniger wertvoll?

Ich hoffe sehr, dass Sie damit verstehen, was uns der Wert eines Menschen tatsächlich bedeuten sollte, auch in Bezug auf uns selbst. Aus diesem Grund sollten Sie Willenskraft nicht so interpretieren, dass sie Sie automatisch zu mehr Leistung und damit zu vermehrtem Wert bringen wird.

Ihre neugewonnene Willenskraft wird bloß die Basis sein, damit Sie zu der bestmöglichen Version Ihrer Selbst werden. Das ist der eigentliche Weg, um auf lange Sicht mehr aus dem eigenen Leben zu machen.

Eine geeignete konkrete Übung für diese Woche wäre daher, sich ehrlich die Liebe geben, die wir wirklich verdienen. Es ist vollkommen normal, dafür Zeit zu brauchen und das in Ruhe anzugehen. Die wenigsten schaffen das direkt auf einen Schlag und das müssen Sie auch nicht. Das Wesentliche ist, dass Sie auf dem richtigen Weg sind, auch wenn es Sie Überwindung kostet und sich komisch anfühlt.

Darum noch einmal die Erinnerung: Sie haben schon unglaublich viel geschafft, sowohl in dieser Woche als auch generell im Leben. Sie sind bis zu diesem Augenblick lebendig und tragen noch immer Hoffnung in sich, auch wenn sie noch so klein sein mag.

Es ist nicht auszuschließen, dass Sie auch später noch Stimmen in Ihrem Kopf haben, die Ihnen weiterhin erzählen wollen, Sie wären nicht gut genug. In diesem Fall können Sie jederzeit auf dieses Buch zurückkommen, sollten Sie sich danach fühlen, denn auch, wenn Sie sich selbst motivieren und zurück auf die Beine bringen können, ist es noch lange nicht weniger wirksam, ganz im Gegenteil.

Das Beste, was Ihnen passieren kann, ist, dass Sie selbst die Fähigkeit haben, sich immer wieder neu zu motivieren. Und wie Sie vielleicht schon erkannt haben, nennt sich diese Fähigkeit Willenskraft.

Selbstliebe und insbesondere auch Selbstfürsorge sind weitaus mehr als nur das Ausschlafen im Urlaub. Ab sofort brauchen Sie Selbstliebe nicht mehr auf das nächste Wochenende oder den nächsten Urlaub zu verschieben, in der Hoffnung, dann erst die Batterien für Ihre Willenskraft wieder aufzuladen.

Es geht also nicht nur darum, sich selbst zu geben, was man gerade möchte, sondern sich auch das zu geben, was man braucht, auch wenn viele das nicht als notwendig ansehen. Erlauben Sie sich in Ihrem Alltag, Ihre Bedürfnisse wahrzunehmen, egal in welcher Form.

Hierfür könnten Sie sich pro Tag zwei bis drei Alarme auf Ihrem Handy einstellen, die an unterschiedlichen Zeiten klingeln, worauf Sie sich zu diesen Zeiten einfach mal hinsetzen und die Frage stellen, wie es Ihnen innerlich geht und was Sie gerade brauchen.

Wenn Sie merken, dass Ihnen etwas zu viel wird, dann respektieren Sie diese Grenze und kommunizieren Sie diese auch. Ein wichtiger Teil von persönlicher Stärke ist schließlich auch, nein sagen zu können. Die Hauptsache ist, dass Sie sich selbst gerecht werden.

Fazit

Hiermit sind unsere vier Wochen nun zu Ende. Vielleicht wollen Sie an dieser Stelle einmal reflektieren oder auch aufschreiben, was sich für Sie verändert hat.

Und auch, wenn das nur kleine Dinge sind, die Sie aus diesem Buch mitnehmen, freue ich mich dennoch sehr, Ihnen auf Ihrem Weg zu sich selbst und Ihren Träumen helfen zu können. Jede noch so kleine Entwicklung in die positive Richtung sorgt langfristig dafür, dass die Welt zu einem besseren Ort wird, da Sie Ihre eigenen Werte immer auch anderen Menschen mitgeben.

Jeder einzelne Mensch kommt irgendwann an einen Punkt, an dem er sich selbst nicht mehr versteht und vielleicht auch nicht verstehen möchte. Es ist also keine Frage nach dem „ob", sondern eher nach dem „wann", wenn es um Selbstzweifel und Sinnkrisen geht.

Ich würde mir wünschen, ein Buch schreiben zu können, dass diese von vornherein verhindern kann. Zumindest kann ich Ihnen dieses Buch mit auf den Weg geben, basierend auf Erfahrungen, die ich machen durfte, und Experten, die bereits vielen Menschen in dieser Lebenslage helfen konnten.

Anhand Ihres Warums konnten Sie vielleicht schon sehen, dass wir alle unsere eigene Wertedefinition haben und jeweils etwas anderes als essenziell und sinnvoll erachten. Mein Ziel war es nicht, diese Wertedefinition in Ihnen zu formen, sondern Ihre eigene zum Vorschein zu bringen, damit Sie sich selbst Ihr eigenes Warum zum Vorschein bringen können.

Jedes Leben hat dieselbe Basis und damit dieselbe Neutralität, wodurch wir erst unserem Leben einen Sinn geben und unseren eigenen Willen entwickeln müssen. Wenn ich Ihnen also noch einen letzten Tipp mit auf den Weg geben darf, wäre es, sich zu fragen, was für Sie wirklich wichtig ist. Und das nicht nur einmal, sondern immer und immer wieder, damit die Antwort so klar wie möglich ausfällt.

Hierfür gibt es auch keinerlei Regeln, schließlich kann das alles sein. Vielleicht ist es für Sie die Natur, vielleicht die Kunst oder die Familie oder auch etwas völlig anderes. Nur Sie können diese Antwort finden.

Ohne einen festen Willen werden Sie sich immer nach außen rechtfertigen müssen, da es immer Menschen geben wird, die Ihren Lebensstil nicht nachempfinden oder verstehen können. Das ist deshalb wichtig zu wissen, damit Sie nicht mit der Erwartung nach absoluter Harmonie und Bestätigung nach außen gehen und dadurch dann in Wahrheit immer unglücklicher werden.

Vernachlässigen Sie dafür auch mal Fragen wie: „Wie kann ich meinen Lebensunterhalt damit verdienen?" Es ist klar, dass Sie diesen Lebensunterhalt selbstverständlich brauchen werden, jedoch wird Ihnen dies beim Trainieren Ihrer Willenskraft nur im Weg sein.

Auf diese Weise schauen Sie bloß zu weit in die Zukunft, die ohnehin nicht vorhersagbar ist, und werden sich demotivieren. Dieses Buch sollte Ihnen somit unter anderem zeigen, dass alles kleinschrittig anfängt und sich erst über die Zeit zu etwas Größerem entwickelt.

Zusätzlich sollte es Sie davon abbringen, fremdbestimmt von Medien und irgendwelchen unbedeutenden Meinungen zu handeln, um dauerhaft als willensstarker Mensch zu leben.

Es sollte Sie ebenso von unechten Idealbildern abbringen, durch die Sie am Ende nur enttäuscht werden. Entweder Sie eifern diesem Idealbild ein Leben lang nach oder Sie erreichen dieses doch und wissen auf einmal nicht mehr, was danach kommen soll, während das Leben trotzdem weitergeht.

Daher bleibt außer diesen beiden Möglichkeiten nur die Chance, sich durch Willenskraft von diesem Idealbild loszusagen und endlich die eigene Freiheit auszuleben.

Dieser Prozess hat mich selbst viele Jahre meines Lebens gekostet. Darum wünsche ich Ihnen, dass Sie nach den letzten vier Wochen nun schneller auf diesen Weg finden werden.

Sobald Sie daher merken, dass Sie auf so stabilen Füßen stehen, damit Sie zu sich sagen können, dass es Ihnen egal ist, was andere über Ihr Leben und über Ihren Sinn denken, haben Sie diesen Weg gefunden.

Und sobald Sie merken, dass Sie sich auch immer wieder motivieren können, für diesen Sinn zu kämpfen, dann laufen Sie bereits auf diesem Weg.

Vielleicht haben Sie sich schon einmal gefragt „Warum gerade ich?" Sehr viele Menschen fragen sich genau das immer wieder, obwohl es Zeitverschwendung ist. Es mag offensichtlich sein, aber auf diese Frage werden Sie keine Antwort finden. Wenn Sie sich jedoch ab sofort fragen „Wie gehe ich damit um?", werden Sie immer eine Antwort erhalten.

Sie besitzen ein Leben, das Sie jetzt gerade nutzen können, welches an und für sich schon das größte Privileg unserer Vorstellungskraft ist. Die Zeit, die Sie jetzt in Ihre Persönlichkeitsentwicklung investieren, ist also die Vorbereitung darauf, wenn dieses Privileg auf die Probe gestellt wird.

Um diese Probe zu bestehen, sollten Sie sich niemals nach den Menschen richten, die Sie für Ihr Schicksal verurteilen, meist, ohne es wirklich zu kennen. Anstelle dessen sollten Sie sich an den Menschen orientieren, die ein ähnliches Schicksal wie Ihres, oder gar noch ein viel Schlimmeres, bereits bestritten haben.

Neben dem Umgang mit unsren Mitmenschen sollte Ihnen dieses Buch auch aufzeigen, wie wichtig unsere Sprache und unsere Formulierungen für unsere Willenskraft sind, da Sprache einen riesigen Einfluss auf das Unterbewusstsein hat. Somit können Sie für die Zukunft alle Ausreden und schlechten Affirmationen wie „Ich bin nicht gut genug" oder „Ich schaffe das so oder so nicht" aus Ihrem Gehirn verbannen oder, im noch besseren Fall, sie durch positive Affirmationen ersetzen.

Das ist nämlich der essenzielle Faktor von genau der Willenskraft, nach der Sie sich vor vier Wochen zurecht unheimlich gesehnt haben. Seien Sie über jedes einzelne Mal dankbar, wenn Ihre Willenskraft Sie durch Ihr Leben führt und Ihnen alle Erfahrungen ermöglicht, die Sie noch vor sich haben.

Also denken Sie daran, dass noch kein Mensch jemals davongekommen ist, wofür aber umso mehr Menschen gezeigt haben, weshalb wir unser begrenztes Leben überhaupt haben.

Die echte Welt kann immerhin so unzählig viele Geschichten schreiben, die sich der menschliche Verstand nicht im Geringsten ausmalen könnte. Und ich weiß nicht, wie Ihre Geschichte bis hierhin aussah und was Ihnen bisher an Einflüssen auferlegt war, jedoch weiß ich, dass Sie es zu jeder Zeit schaffen können, diese Geschichte in eine zu verwandeln, die Sie selbst gern erzählt bekommen würden.

Und mit diesen Worten möchte ich mich gern für das Lesen dieses Buches bedanken. Ich möchte mich dafür bedanken, dass Sie bereit waren, sich vier Wochen Ihres Lebens mit diesem Buch zu beschäftigen und auch dafür, dass Sie dafür offen waren, diese Erfahrung zu machen, obwohl Sie genauso gut auf Ihrem früheren Selbst hätten sitzen bleiben können.

Es hat mich so unfassbar sehr gefreut, diese Worte zu schreiben und nun an Sie weiterzugeben, in der Hoffnung, irgendwo da draußen eine positive Veränderung zu bewirken.

Sie haben in diesem Moment alles in sich, um Ihre Träume wahr werden zu lassen. Was Sie nun nach diesem Buch daraus machen, liegt ganz an Ihnen.

Herstellung und Verlag:

BoD – Books on Demand, Norderstedt

ISBN: 9783755754695

© Mathias Meinecke 2021

1. Auflage

Kontakt: Psiana eCom UG/ Berumer Str. 44/ 26844 Jemgum

Covergestaltung: Fenna Larsson

Coverfoto: depositphotos.com